촛불 든 밤

-2017 시문 동인 작품집

김은옥
김이희
마선숙
신긍철
신언관
윤세민
이소율
이영환
장수라
장우원
정성채
조진옥
한도훈
한명환
황지영

촛불 든 밤

찍은날 2017년 2월 10일
펴낸날 2017년 2월 15일
지은이 장우원 · 이소율 외
펴낸이 박몽구
펴낸곳 도서출판 시와문화
주 소 (13955) 경기 안양시 동안구 경수대로 883번길 33,
비산동 꿈에그린아파트 103동 204호
전 화 (031)452-4992
E-mail poetpak@naver.com
등록번호 제2007-000005호 (2007년 2월 13일)

ISBN 978-89-94833-27-9(03810)

정 가 10,000원

촛불 든 밤

-2017 시문 동인 작품집

장우원 · 이소율 외

시와문화

■책머리에

삶에 뿌리내린 치열한 시정신

《시와문화》는 '평등과 소통을 지향하는 시 전문지'이다. 올 봄호로 발행 10주년을 기록하는 《시와문화》는 풍부한 역량을 지니고 있으면서도 소외되어 온 시인들의 마당이 되고자 힘써 왔다. 또한 우리 시의 토양이 되는 사회와 문화 환경을 부단히 주시하고 바람직한 대안을 제시하는 데 주력해 왔다.

'시문 동인'은 본지 신인상 제도를 통해 시단에 나온 시인들이 주축이 된 모임이다. 본지에서는 그동안 창간 취지에 발맞추어, 시인이 몸담고 있는 삶과 세계에 대한 진지한 사유와 함께, 겉만 요란한 수사보다는 단단한 시적 체질을 갖춘 이들을 골라 우리 시단에 소개해 왔다.

시단 내외의 어려운 여건 가운데서도 이분들은 대부분 꾸준히 시단 활동을 지속해 왔고, '시문 동인'이라는 동인을 결성하여 함께 비판하고 격려하면서 시의 활로를 열어가고 있다. 지나친 상업주의의 만연과 함께 오도된 인기 영합주의가 휩쓸고 있는 풍토에서 벗어나, 시에 대한 열정을 간직하면서 우리 시의 밝은 미래를 모색하는 데 적합한 둥지라는 생각이 든다.

이번에 '시문 동인' 활동의 두번째 결실로 공동 작품집 『촛불 든 밤』을 펴내게 되었다. 삶 속에 깊게 뿌리를 내린 가운데, 시류에 편승하지 않으면서 묵묵히 시의 본령을 지켜가는 모습들을 생생하게 만날 수 있는 작품집이다. 이번 작품집 발간이 참여 시인들 개개인의 시적 지평을 넓히는 계기가 됨은 물론, 나아가 우리 시의 밝은 내일을 열어가는 데 큰 힘을 보탤 것으로 믿는다.

이번 두번째 공동 작품집의 출간을 진심으로 축하한다. 앞으로도 서로를 더욱 따스하게 비판 격려하면서 시인 개개인의 역량을 제고하고, 그를 바탕으로 우리 시의 활로를 여는 한 거점이 되기를 바라 마지않는다.

2017년 정초

《시와문화》 주간 박 몽 구

| 차 례 |

김 은 옥

가을을 보내는 씬 외

2015년 《시와문화》로 등단.
한국작가회의 회원.

가을을 보내는 씬 외 3편

뭉게구름이 비 갠 동네 길을 물끄러미
내려다본다 동네 아기 구름도 곁에서
막 목욕시킨 맑은 볼때기로 보골보골
눈 크게 뜨고 손가락 빨고 있다
구름끼리 스치면 뽀드등 소리가 나겠다
폭풍우가 온 동네를 헤집고 다니던 지난밤
부러진 잔가지와 낙엽들이 길가에 어지러웠다
화단마다 목이 부러져 쓰러져 있는 국화들
바람이 태양을 살며시 부채질하는지
잔잔한 하늘길에 고운 아가가 그네를 탄다
국화꽃 향기가 진하게 퍼지고 있다
학교 끝난 아이들이 나뭇가지로 칼싸움 한다
여자아이들은 땅에 떨어져 있는 꽃송이를
신주머니에 조심스레 담는다
아기 구름도 해님도 어느새 엄마 구름 등에 업혀
저만치 흘러간다 뽀드득 겨울이 오고 있다

낙타가 바늘구멍을 통과하고 있다

바늘구멍으로 태초의 빛이 보인다
저 빛 속으로 얼마나 많은 사람들이 드나들었을까
아무 데나 속해 있고 아무 데도 없는
허수아비가 시간을 맥박에게 자꾸 권한다
너무 오래된 시간은 질겨져서 삼키지도 뱉지도 못하게 되었다
혀에 착 달라붙어 호흡곤란을 일으킨다
남은 시간은 폐기처분될 것이다
햇살이 남은 시간을 긴 손가락으로 훑어내고 있는 벽면에는
버려질까 겁에 질린 공기들이 기어오르다 떨어지다가
쥐어뜯은 살점들과 오줌 지린 흔적들로 가득하다
한줄기 믿음이 눈동자 뒤편으로 빠져나가고 있다
종일 씹혔던 시간이 빳빳하게 펴지며 호흡을 덮어버린다
목구멍에는 독한 가래가 끓고 있을 것이다
저녁이 소리 없이 어둠에게 묻는다
우리가 태양을 외면한 적 있었어?
낙타는 아직도 바늘구멍 속에서 몸부림치고 있다

어둠 속에서 말씀을 잃고 미궁을 헤매던 마지막 들숨이

비로소 빛의 죽음에 걸어놓은 물음표

포토샵

포도 씨의 종말이 차라리 투명해 보였다
무미 무취 無味 無臭의 뼈를 간직한 단단함
땡볕에서 부드럽게 부풀어갈 때부터
강직한 씨로 남게 되기까지 내숭도 거짓도 없다
달면 삼키고 쓰면 뱉는 어느 습성에서 벗어난
그것을 나는 또 다른 열반이라 부르고 싶다
포도 씨의 묵언 수행을 배우는 시간

빌딩과 빌딩 숲 사이에 저승사자가 날아다닌다
한 사람의 부음이 문자로 전달되고 있다
두 사람의 부음이 세 사람의 부음이
엘리베이터가 한 층을 올라가는 사이에도
떼거리로 전달되는, 이런 부음들이
포도 씨처럼 입에 껄끄럽게 씹힌다
이제는 문자가 저승사자다
뱉어야 하나 말아야 하나 포도 씨에게 물어본다
실물과 인명부를 아무리 대조해보아도
뽀샵 보정을 오가던 실물이 오리무중이라서
우주가 산목숨들로 넘쳐날 판이라는
불안에 흔들리는 저승사자의 눈동자가

회전 속도를 격하게 높였으리라
보라를 먼저 뱉어낸다

보라를 버리고 변환되지 않은
포도 씨의 콧대가
조용히 혀 위에서 시위하고 있다
포도 씨의 콧대를 갈아
기름을 짜야겠다
이 계절의 열반 포도 씨의 종말인
콧기름 투명한

단단한 긍정 속으로

쓰러져 있는 비둘기 목덜미에
비둘기 한 마리가 주둥이를 깊이 묻고 있다
꾸르륵 살아있다는 신호 아득하다
칼바람이 부드러운 털을 자꾸 일으켜 세운다
광장의 햇살이 모두 모여 그 모습을 비추고 있다
마지막 광점이다
청소원이 쓰레받기로 주검을 옮기는 동안에도
움직임 없이 서있다
죽은 자리 몇 바퀴 돌다가
바닥에 얼어붙은 빵조각을 쪼아보기도 한다
딱딱한 빵조각은 꿈쩍도 않는다
고개를 갸우뚱대며 먼 산을 바라보며
주변을 두리번거리기도 하고
그러다 문득 생각났다는 듯이 비둘기가
눈 쌓인 겨울 속으로 돌멩이처럼 날아간다

김 이 희

빗살무늬 외

경북 의성 출생. '서라벌시뜨락' 회원
2015년 《시와문화》로 등단

빛살무늬

박물관 유리장 속에 든 흙 그릇
깨진 조각 맞추어 살려낸
사선의 문양을 두고
누군가는 '빗살' 무늬가 아니라,
'빛살' 무늬가 맞다는데
내 삶의 무늬는
빗살인지, 빛살인지

쏟아지는 빗속에 서있어도 흠뻑
젖지 않던 속살,
끝이 보이지 않는 터널 속
달리고 달렸던
각도만 바꾸면 금세 비추일 것 같아
흐린 거울 닦으며 내일을 살았던

몸을 가르던 수많은 균열
밑그림을 알 수 없는 퍼즐 조각
수만 번 되맞추던 시간
끝내 하나가 되고
그 위에 드러난

파릇, 살아날 것 같은
내 삶의 무늬

방장(房長)의 기억

몽촌토성 길 따라 줄줄이 걸었다
그저 하루씩,
생의 경계를 같이 살았던
그녀들은 천사였을까

핵의학과 방사선실 문을 열면
오소소 다가서던 냉기,
서늘한 기계 위 벗은 상반신 누이며
울부짖던 여린 짐승
멍울 도려낸 자리 푸른 지도 위
쏟아지던 방사선, 방사선

허물어진 젖무덤 아래 묻혀져 가는
시간의 의미 물으며
무너지는 중심을 부여잡았던

한쪽 유방 전부, 혹은 일부를 잘라낸 그녀들과 한 식구가 되어 밥 해먹고 차 마시고 운동하며 살았던 쉼터. 문 앞에서 천사를 호출하면 삐리릭 문이 열리던, 저마다 왕복 몇 시간씩 걸리는 집을 떠나 치료에 지친

몸을 뉘었던. 친정 엄마 돌아가시고 우울증 앓았다던 경아 언니, 손주 보는 낙으로 산다던 숙이 언니, 해마다 붓글씨 전시회 열었다던 정이 언니, 항암 치료로 빠지는 머리카락 감당 못해 빡빡 밀고는 스님 흉내내고 다녔다며 웃던 마흔 살 막내. 아홉 명의 그녀들과 잠자리 들기 전 한 줄로 누워 하늘 위로 올린 발 있는 힘껏 자전거를 타며 깔깔거리다, 돌아누워 흠뻑 베개를 적셨던, 6주간의 방장(房長) 생활!

사그라진 목간(木簡) 하나 찾을 수 없는 옛성의 둘레길 자칫 고꾸라질까,
흔들리는 걸음 언니, 동생 여미며 걸었던 아픔의 연대

그 설운 방을 나서며
시들지 않는다는 핏빛 장미 몇 송이 사두고 왔다

끈끈이대나물*

비스듬히 열린 대문의 그늘,
사선 안에 핀 분홍 꽃을 보았다

뿌린 이의 무심을 탓하며
어쩌다 여기 있냐고,
볕도 없는 곳에서
어찌 키를 키웠느냐고
한 번, 물어보지 못했다

진물 나는 상처 위
몰려드는 벌레들,
오그라드는 몸으로
꽃만 피우면 다냐고
나무라지 못했다

그곳이 어디든 제 요량으로,
제 꽃을 피우는 일

그것이 씨의 일일 것이니

*유럽 원산의 한 두해살이풀. 줄기 윗부분에 끈끈한 점액이 분비되는 갈색 띠가 있다

광화문, 맨드라미

광화문,
사람들 몰려와 점점이 켜진
촛불 일백 만을 넘어
한 번 간 적 없는 길 열어가고

맨드라미, 다비식 백일을 넘어서고 있다
그 많은 불 다 어디 숨어 있었는지
흙벽과 시멘트 길 틈에
가녀린 몸 홀로,
또 무리지어 타오르던
소신공양

시린 몸 끝
검붉은 피멍 들어
아래로
아래로
번지고 있던

남은 희나리마저 하얗게 사르고 있는
저, 불의 무리

마 선 숙

습관에 대하여 외

2013년 《시와문화》로 등단
2014년 《불교문예》로 소설 등단

습관에 대하여

천사인 척 미소 짓는 너를
무명실 자르듯 끊고 싶어

어머니가 일러 준 것과
반대로만 가게 하는 너를
세계와 이별하듯 상큼하게

우아하게 티본스테이크를 썰고 싶은데
시레기 국만 입에 당기고
시장 옷만 사랑하게 되는 것도 너에게 낚여서야

음식을 오른 쪽으로만 씹어 얼굴이 이지러지고
밥을 쫓기듯 먹어 체하고
손톱 물어뜯어 퉁퉁 붓고
불안한 걸음으로 허둥거리고
불면증과 화해하지 못하는 것도

네 손아귀 안에서 서커스 줄처럼 끌려다니는 내가
기계와 불륜한 것처럼 부끄러워
이제

네비게이션이 일러준 길 버리고
벼랑을 만나도 내 길을 갈 테다

몸 속에 거대한 집을 짓고 조종하는 너를 부서트리며
내가 있던 자리에 창문을 내
권태가 모이는 거리라도 나를 각색해
나방처럼 껍질 깨고 나와
감추었던 날개 퍼덕이고 싶어

어떤 키덜트

대기업 부장으로 퇴직한 남자
사물함 편지처럼 앉아있다
아침 한 술 얻어 먹고 고개 꺾고 집 나간다
발 길이 멈춘 곳은 맞은 편 아파트 어린이 놀이터
그가 나타나자 아이들이 몰려들어 어깨동무하며
놀자고 조른다
아이들과 물총놀이 딱지치기 가면놀이
종이접기 한다
어릴 때 비행기 조종사를 꿈꾸며
별의 바다를 유영하고 싶어
〈어린 왕자〉를 열 번 읽었던 그는
자기 속의 잃어버린 아이를 찾는다

정오가 되어 아내가
백화점 문화센터 간 시간에 집으로 돌아와
식은 밥으로 허기를 때운 후
침대 밑에 숨겨놓은 장난감을 꺼낸다
든든한 갑옷 입은 리얼 로봇을 조종하고
인형병기 건담에 열광한다
레고로 탑을 쌓고

가짜 총으로 과녁을 겨눈다
미니 카를 장애물 없이 맘대로 달리게 하고
무서운 힘을 가진 태권 브이와 대화하고
색종이로 학 접어 날린다
바비 인형 꺼내
새 옷 갈아 입히고 머리도 빗겨준다

그를 제압 명령 두렵게 하는 건 사라졌다
사막의 발자욱 소리도 들리지 않았다
그렇게 점점 어린 왕자 되어
현실에서 썰물처럼 빠져 나가고 있다

우체통

청계천 사가
골목과 골목이 꿰매어져 있는
지느러미 달린 붕어빵들이 헤엄치는 시장 네거리
산타클로스 옷 입은 우체통
배고픈 듯 입 벌리고 있다

보석가게 반지 같이
말똥말똥 그리움을 기다리지만
스티커 먼지 앉은 바람만 지나간다

스마트하게 문자 주고 받는 인파들
망가진 현금 인출기 보듯 곁을 무심히 지나치고

아들아 보아라 하고
침을 묻혀 삐뚤삐뚤 쓴 편지도 한 장 들어오지 않는다

지나던 아이 하나
껌을 껍질에 싸서 구멍에 넣는다
중년 사내 하나가 전달지 들고 가다 귀찮은 듯 구멍
에 버린다

내 꿈의 길을 낼 비행운같이 밥풀로 풀 발라
답장을 기다리던 설레임은 어디로 갔나

우체통은 바다를 찾지 못한 한 척 배처럼
항구 밖에서 찬 비 맞는다

신 긍 철

링 안에서 외

2011년 《시와문화》로 등단
기린지붕 대표.

링 안에서

여기는 링 안,
얼굴 치는 척 옆구리 공격한다
무릎 공격에 갈비뼈 부러져도
웃는 얼굴은 기본
시작 종소리 울리고 나면
둘 중 하나 쓰러져야 링을 내려갈 수 있다
정강이와 주먹이 오가는 도중
링 밖, 핫팬츠 입은 여인 쳐다보지 마라
탱탱한 엉덩이에 한눈파는 순간
각을 세운 놈의 팔꿈치는
평생 세운 너의 콧대를 부러뜨린다
링에 오른 사람은 모두
가드를 올리고 상대 빈틈 노리고 있다
잡부로 먹고 살던 김씨는
룸싸롱, 오뚝 선 가슴에 침 흘리는 순간
월세 아들놈 수업료 북풍한설 기름값
근근이 버티던 다리가
로우킥 한 방에 꺾어지고 말았다

그녀의 몸매는 땀 흘려 만든 것이 아니다

스텝 밟는 바닥엔
패배한 자들이 흘린 신음 소리들
선명한 핏자국으로 남아 있다
경기에 집중해야 한다
여기는 링 안

톱 망치

톱이여, 술의 시간을 잘라내 주오
망치여, 잘라낸 곳에 대못으로
골방을 박아다오 책상을 박아다오
펜으로 서까래 걸고 책으로 기왓장 삼아
줄줄 새는 지붕 수리하여
천장 속,
생쥐들의 가난한 식탁과
어두운 구석에서, 숨죽인 울음 우는
귀뚜라미 머리 위에
빗방울 떨어지지 않도록 하여주오
귀 기울여야 들리는 소리들 엮어
한 편의 시 쓰게 하여 주오

캄캄한 밤
천장에서 후두둑 떨어진 돈벌레들
그대 잠든 침대를 기어다녀
기절하는 모습
크크크, 쓰게 하여 주오

서각

철원 삼불사에 가면
칼의 고삐 쥔 사내를 만날 수 있다
칼등 두드려 염불 읊는 사내

묵언 안거로 삼년 마르고서야
비로소 틀어지지 않는
나무의 고운 결 쓰다듬으며
칼 지나갈 자리에
정갈한 마음 먼저 올려놓는다

칼 내려놓은 자만이 칼을 들 수 있다

제 몸 비우고서야
소리 찾은 추녀 끝 풍경처럼
어둡고 먼지 쌓인 공방에는
쉬지 않고 자신을 파내는 망치 소리
칼이 지나간 자리마다
세속의 욕심들이 떨어져 나간다
나무의 결은 겨울 지나온 흔적
눈보라 견딘 나무의 시간들이
반야심경으로 태어난다

신 언 관

한철 외

충북 청주 출생. 2015년《시와문화》로 등단
시집『그곳, 아우내강의 노을』,
『나는 나의 모든 것을 사랑한다』

한철

이슬을 먹으니
아침 햇살이 맑게 비추네
오늘이 그 날일세
갈바람 정기를 배에 가득 부풀리고
포기포기 뛰어 건너
이삭과 이삭을 동앗줄 삼아
배필을 찾아 나선다
외홍잽이로 이삭 아래 볏대궁 밑으로 돌아
쓰러질 듯 앵금뛰기로 잠자리 꼬리까지 날랐다가
다래치기로 사방을 두리번거린다

서리올 날 멀지 않아
한 철의 끝 다가오는데
살랑거리는 바랭이풀 위 사모관대
아침 햇살을 받아 빛나네
등에 업었으나 터럭일세
덩실덩실 금불초 초례청으로 튀어 날으니
한낮이 훌쩍 가버리고
붉은 저녁바람이 날개를 흔드네

천공(天空)*

동네 앞 개천은 젖으로 흐르고
소 돼지에게 쌀을 먹이며
새들도 먹다 지친 과일은 버려지고
채소가 밭에서 썩어가는
이곳은 빚더미의 땅

거짓의 위문 박수소리 끊이지 않아
병든 역사가 죽은 아이를 출산하고
포화의 폭음을 베고 낮잠을 자면서
땀의 폐기물이 하찮게 밟혀지는
이곳은 웅그릉가도록 굳어진 땅

이 땅에 발 딛고 서서
대를 이은 맞짱의 다리에 힘을 받쳐
바람의 저항에 숨 죽이고
불어갈 바람의 방향 바라보며
이곳에서 천공을 찾는다

*천공; 무한히 열린 하늘

패(牌)

범람의 물줄기가 만들어 놓은
강변 밭이 한 치 간격으로 흔들린다
시월 안개구름 속 헤집고 날아든
검은 날개와 날개, 그 날개들 위의 아침 해

소리까지 검다
한 떼의 무리라서 더욱 검다
북극성 바라보며 패처럼 들고 선
삽자루 위에도 검은 소리 얹혀 있다

홀로 있음에 저를 속이는
탐욕으로 엉킨 손가락 사이로
날개와 날개들의 거친 바람 몰아 온다
고개 돌려 되돌아설 수 없다

보리는 오월의 이삭을 품기 위해
까마귀를 맞이할 수밖에 없으리라
까마귀는 검은 빛의 제 모습 찾기 위해
새싹을 움트게 할 수밖에 없으리라

한 무리의 까마귀 떼
가을비처럼 한바탕 휘젓고 날아간다
보리밭을 깨워 요동치게 하는
검은 날개와 날개, 그 날개들 위의 외로움

윤 세 민

용트림 시내 외

2011년 《시와문화》로 등단
경인여자대학교 영상방송학과 교수
한국출판학회 회장.

용트림 시내

시내 용트림한다
낙엽이 거목 되고
자갈이 바위 되고
미꾸라지
승천하네

시내 용트림한다
송사리 은어 되고
연어 고래 되고
종이배
어느새
포경선

용트림 시내는
흐르고 흘러
강
바다

시내랑 놀던
그 소년

어느새
백발노인

그 시내
잊지 못해
곁에 누웠네

용트림 시내는
그렇게 세월 흘러
인생을 낚네

아내의 김밥

아내가 김밥을 만다

윤기 나는 해초의 꿈 펼쳐 놓고

빨간 사랑
노란 질투
파란 희망

굵다란 고생
길쭉한 한숨
매끄런 자식

쏙쏙 들여놓고
꽝꽝 돌려말고
척척 썰어낸다

부끄러운 손으로
김밥 끄트머리 냉큼 잡아챈다

어느새 아내의 향기
입안 가득하다

소박한 꿈 하나

소박한 꿈 하나 있다
늙어도 아직 예쁜 내 아내와
다 컸다지만 내겐 아직 귀엽기만 한 아들 둘 데리고
봄볕 따사로운 야트막한 동산 올라
정겨운 도시락 도란도란 까먹는 것

소박한 꿈 하나 있다
세월 그림자 켜켜이 쌓였어도
여전한 미소 속에 그저 바라보기만 해도 좋은
오랜 벗 셋이서
텁텁한 막걸리 다정스레 나누는 것

소박한 꿈 하나 있다
디지털 세상 아무리 첨단 달려도
동떨어져 허허로운 아날로그 이웃들
무시받고 소외되지 않도록
순박한 정리(情理) 끝내 포기하지 않는 것

소박한 꿈 하나 있다
탐욕의 그림자 아무리 사방 둘러싸도

같은 시대 함께 살아가는 이들끼리는
그래도 속마음 깊은 곳
순전한 사랑 끝내 지우지 않는 것

詩, 두렵습니다

두렵습니다
詩가 송두리째 사라진
팍팍한 세상이
나는 두렵습니다

두렵습니다
외마다 비명 속 스러져가는 詩를
애써 외면하는 무심한 이들이
나는 두렵습니다

두렵습니다
詩人 아닌 척 살아가는 도피자 詩人이,
詩人 맞는 척 살아가는 거짓 詩人이
나는 두렵습니다

두렵습니다
이런저런 이유로 詩 가까이 얼씬도 못하는
저런이런 이유로 詩 한 줄 써내려 가지 못하는
내가 정말 두렵습니다.

詩, 정말 두렵습니다

이 소 율

줌인 외

충남 청양 출생
한양대학교 신문방송학과 졸업
2012년 《시와문화》로 등단

줌인

강남역 십일 번 출구 뚜껑이 열린다
서풍 바람 든 얼굴, 얼굴들 쏟아진다
인해의 급물살에 수척해진 발걸음들
피 한 방울 섞이지 않은 발길에 채인다
부딪혀도 피가 돌지 않는 무인도

퓨어에너지 파인애플 주스에 싸인을 한다

오랫동안 비다듬던 상사 바이러스
쏟아지는 조명, 비음에 놀라 물컹물컹 상하기 전에
버린다
눈, 코가 패러디 된 진, 선, 미 거리
애인을 숨긴 이어폰으로 막힌 귀들이 둥둥 떠다닌다
하의 실종을 더듬는 사냥꾼 눈동자는
미끈한 교각 사이로 레이저를 쏘아댄다

사랑의 포로들
타로텐트에서는 운명의 의문부호를 가위로 잘라낸다
옥잠긴 비밀번호를 풀고 있는지 모른다

곡옥처럼 닫힌 입술, 입술들
연인의 거짓말이 누설되면
드라큐라의 송곳니로 바뀔 상형문자들
슈팅스타콘을 사고 싸인을 한다

별을 톡톡 깨물어 먹는다 나홀로 스타가 된다
교보문고 지하에서
시간의 단축키를 눌러 나이를 졸업하고
키 고장난 아바타처럼 활자 속으로 추락한다
마르케스, 마술적 리얼리즘 고독 활자를 통과하여
바닥까지 가라앉는다
바닥과 오랫동안 동거하는 동안
거꾸로 박힌 절망의 지침을 돌려 놓는다
희망 프리패스권을 파는 편의점을 찾아
오던 길로 되돌아간다.

보폭이 넓은 여자 2

–전혜린

아버지에 의한
아버지를 위한
아버지의 딸
요람에 감금되어
흙을 밟아보지 못한 아스팔트 킨트
시소를 혼자 타던 아이

집시의 피 몇 방울 흐르고 있어
낙서와 다변을 둘둘 걸치고
초식동물처럼 커다란 눈으로
뮌헨 슈바빙으로 달아난 아스팔트 킨트
안개비 내리는 거리에서
가난과 외로움 홑겹으로 걸치고 있다.
오만과 긍지의 피륙으로 짜여진
욕망의 거리 슈바빙

술에 취해
광기에 취해
피투성이가 된 여린 몸으로

활자의 바다 속으로
고독의 태풍 속으로
뛰어든 아스팔트 킨트

사랑을 파종하지 못한 채
시들어 거꾸로 매달린 보랏빛 꽃무릇
“원소로 환원하지 않도록 도와줘!”
절규하며 보폭을 서둘러
다음 생으로 건너간 아스팔트 킨트

자운영 꽃잎 한 잎

순님이 언니
순실이 언니는
유난히 젖이 커
엄마인지 언니인지
모를
순실이 언니는

순님이 떼어놓고
남자친구 만나러 가던 날은
자운영 꽃밭에서
반지, 팔찌, 꽃머리띠 만들어
꼭꼭 끼어주고
금방 돌아온다던

순실이 언니는
자운영 꽃빛 눈물이 시들어도
오지 않는 언니를 기다리며
순님이는
처음으로 순실이 언니가 미웠다.

냉장고

하루에 한 번도 마음을 열어보지 않는 물질문명인들
냉장고는 수없이 열어 본다
혼자 밥을 먹으며 짝을 들여 놓을 생각은 없어도
텔레비전, 냉장고는 들여놓는다

전자제품으로 위로를 받는 물질문명인들
냉장고를 믿고 또 믿는다
냉동실은 평생을 믿어도 되는 듯
꽉꽉 채워 놓는다
다시 붙인 유통기한을 믿고 요리를 한다

변심한 그가 돌아 올거라 믿고
마음을 냉동실에 얼리는 물질문명인들
더 큰 배신을 위해 더 충성하는 부하를 믿다가
얼음칼을 맞는 큰형님
주인을 믿다가 산 속에 버려진 유기견을 자주 본다

마구 먹는 참모를 믿는 여제를 믿다가
대신 설사를 하는 궁민들
복통으로 환심장하기 전에 촛불을 든다

이 영 환

귀먹은 루드비히 반 베토벤에게 꽃 피는 이명 외

2014년 《시와문화》로 등단
대구경북작가회의, 한국작가회의 회원,
'시너머' 동인, 시인축구단 연분홍FC 공격수로 활동

귀먹은 루드비히 반 베토벤에게 꽃피는 이명(耳鳴)

수은주가
해를 가리키는
온도계 밖으로
녹아내리는 콘크리트와
벽과 벽을 지나
이글거리는 아스팔트와
그가 그녀를 사랑하는 만큼
불을 용접하여 꽃 피는 소리
불꽃 피는 시간이
타오르는 소리
쨍쨍 햇빛을 칠하는 소리
해에 청동으로
그을린 매미들
대역사를 벌이는
소리의 신축 공사장
필생의 노동으로
매미들이 완성시켜 가는
숨찬 노래 끝 간 데
불을 닮은 꽃봉오리

타오르는 꽃밭에서
꽃은 식물의 생식기관
그녀가 그를 사랑하는 만큼
꽃피는 영혼의 자궁에서
헐떡헐떡 해산하는
아기 울음소리

다시 김남주 시집 『사랑의 무기』를 위한 비망록

조국이 하나 되면
시가 주는 기쁨을
노동자들에게 가르쳐주는
일을 하거나
시 쓰는
구멍가게 할아버지가 되고 싶다고
노동이 주는
순수한 대가만으로
위없는 기쁨에 살아가는
노동자가 주인 되는 참세상을 위하여
사상을 입으로만
외치는 것이 아닌
삶과 투쟁으로 실천한 그는
진정 순결한 인간이었다.
엄혹한 철권통치
살인 군사독재 시대,
역사와 삶이 제기하는 문제를
한꺼번에 해결하려는
가멸찬 의지로

불꽃처럼 살았던 그는
치열한 시대정신이었다.
아름다운 영혼이 자아내는
순정한 시에
나는 뼛속까지 뒤흔들렸다.

금요일엔 꼭 돌아오렴*

금요일엔 꼭 돌아오렴
풀잎 사운거리는
네 목소리로
이슬 그렁그렁한
네 눈망울로
금요일엔 꼭 돌아오렴
널 기다리는 땅
푸른 네 이름 부르며
돋아나는 잎새마다
번지는 슬픔
널 기다리고
기다리는 하늘 아래
고운 네 얼굴 그리며
피어나는 꽃잎마다
스미는 아픔
금요일엔 꼭 돌아오렴
네 눈물샘
네 목울대
다 줄줄이 터져
울렁울렁 바다 위로

넘치는 파도를 가르고
금요일엔 꼭 돌아오렴
네 손바닥
네 발바닥
부르튼 물집도 터져
출렁출렁 바다 위로
부서지는 파도를 헤치고
금요일엔 꼭 돌아오렴
은화야
다윤아
현철아
영인아

*2014년 4월 15일 인천항을 출발하여 4월 18일 금요일에 돌아올 예정을 하고 제주도로 향하던 수학여행 도중 4월 16일 오전, 타고 가던 여객선인 세월호 침몰로 돌아오지 않는 경기도 안산 단원고등학교 2학년 조은화, 허다윤, 남현철, 박영인 학생에게 부치는 시.

장 수 라

개복숭아나무 외

2010년 《시와문화》로 등단
한국작가회의 회원, 고흥작가회 회원

개복숭아나무

산책길에 만나는 개복숭아나무
해마다 몸의 반쪽으로만 봄이 왔다
허리 끊어진 아랫가지로만 꽃이 피어
복숭아는 한 쪽으로만 몸이 휘청거렸다
닭가슴살 같은 퍽퍽한 생의 결들을 받친 채
옆으로 누우면 그나마 숨쉬기는 좋을까
무엇을 들어앉히느라 새까맣게 타버렸을까
봄이 와도 몸의 절반은 빼앗긴 들이고
인연 맺는 일이 저리 비려도
나무는 체온을 높인다
외상이 아닌 내상인 게지
봄마다 유배된 연분홍 별들은 고원을 넘는다
몸속으로 물 흐르는 소리가 깊어지고
밤이면 몸을 더 휘어 내미는 손
복사꽃 환한 봄,
꽃의 그늘은 뜨겁다

꽃이 되었다

꿈속에서 그를 만났다
오래된 정원에서 이미 죽은 나와 걸었다
열쇠가 없는 방에 그를 들이고
구름빵 같은 푸근한 미소에 잠겨
한 양푼 비빔밥을 말없이 먹는다
입에선 꽃이 피어오르고
발가락 끝까지 뿌리가 내렸다
꿈속에서야 시계 보는 법을 배운다
터져버린 봇물의 물결에 떠밀려
달콤 나른한 나라로 빠져들어서야
당신이 온다
축축한 공기에 날아오르는 마법의 시간에
회중시계 들고 뛰는 토끼 따라
쑤우욱
튀어 오른 이승의 세상에는
나의 사랑을 볼 수 없다
봄날은 간 게 아니라
애초부터 없는 봄이었겠다

둥근 낱말

땅 위로 바닷물이 밀려왔다
낮과 밤이 동시에 오듯 둥글게 왔다
그늘 모퉁이를 쪼던 비둘기
알 하나 댕그러니 떨어뜨린다
오롯이 백열등처럼 떠오르는 알
고양이가 훔쳐 본다

지나가는 자동차들이 백미러로 감시한다
고양이 눈에서 사파이어가 툭 떨어진다
생명을 가진 것들은 무리와 떨어져 있을 때
서로가 온전히 보일지도 모른다

고양이가 계속 쳐다본다
옆구리가 터져 새의 날개가 꼬물거린다
남의 일이 되어버린 탄생의 순간
돌아오는 것이 아니라 떠나는 것만을 생각하는 둥지
에서
바깥을 뒤집는 일을 멈추지 않는다

부화되지 못하는 알을 낳는 도시

알껍질이 지붕이 되었다
멀리서 저녁노을이 닻줄을 풀며 눕는다
사람들은 소금냄새를 따라 집으로 간다

통돌이 세탁기

오늘은 머리뚜껑이 열린 채 움직여지질 않아
십여 년이 넘도록
먹기 좋은 양말에서 늘 소화불량에 시달렸던 이불까지
넙죽넙죽 잘 받아먹었지
온갖 허물이며 찌꺼기까지 품어주느라
마른 입술 깨물며 위태롭게 닳던
배불뚝 맞배기둥 같았어
이젠 거리로 뛰쳐나가려는 듯
늘어진 혀와 흠집난 속
왜 이제야 보이나 몰라
노래를 훔쳐 듣느라 뼛속이 텅 비어가는 줄도 몰랐지
가루세제 한 순갈에 몽글몽글 구름 침대도 만들던
달콤하게 몸을 돌리던 마녀 체력
몸부림치며 뒤엉킨 곡선들이 통해가는 길엔
세상의 뒤쪽과 안쪽이 있었을까
나무창문이 많을 거야
햇볕의 귀퉁이만 밟아오던 발자국 따라
해와 달과 별도

바람과 어둠도 드나들겠지
채 칠하지 않은 녹슨 문이 문득,
세월을 들려주며 서 있어

장 우 원

페스, 모로코 외

2015년 《시와문화》로 등단
한국작가회의 회원

페스, 모로코

사람과 멀어지고 싶던 날
모로코 페스에서 알았다

천 년이 넘었다는 흙벽돌들이
왜 무너지지 않고 있는지

꺾인 골목 구석구석
노인 턱보다 더 약할 듯
이 빠진 담벼락들이 서로 기댄 채
뙤약볕을 가리고, 어떻게
서로에게 그늘을 허락하는지
서로에게 등을 내주고 있는지

붙어서 집을 이루고
붙어서 공간을 만들고
사람을 품어왔는지
지금도 품고 있는지

기울고 싶어도 서로 맞붙어
지탱하는 힘

천 년을 견딘 힘

페스에는 무너지고 싶어도
무너질 수 없는 담들이
천 년을 속삭이며 그대로 서 있다

오래 된 추석

김이 모락거리는 송편을 물거나
된장물 담근 감씨를 뱉으며
동네 아이들에게 추석이 왔다
스치기만 해도 향이 강한 종합선물세트 속
사탕 봉지도 추석을 쳐다보았다
생선 찌는 비린내와 함께
추석빔이 자랑스럽게 돌아다니기도 했다

아버지는 공터를 지나
정종 댓병을 들고
달아오른 저녁노을과 함께
어둑한 초가기붕 밑으로 들어갔다

추석은 그때까지도 우리 식구를 찾지 않았다

밤이 이슥해서야 엄마가 돌아왔다
엄마 옷에 출렁대는 바다
조금 전까지 생선이 찼을
고무다라 속
멍든 사과

물러진 배에도
생선 비린내가 섞여 있었다

엄마는 말없이 반죽을 했고
졸음은 송편 익는 증기처럼 스멀거렸다

느그 성은 못 오는갑다
엄마는 온밤을 부산거렸다
아적까지는 기달려 봐야쓴께
아버지는 흰 밤살을 무심히 도려냈다

추석날 아침까지 우리 집 백열등은 꺼지지 않았다

파트 타임 잡

알바는 가게 문을 열고

북악산 가까운 밀실에서
공적자금이 새나가는 동안에도
세계 1위였던 조선업이 망해가도
알바의 임금 체계는
언제나 독립적이다
매상을 거둔 뒤
가게 문 밖 빛나는
수입차 주인의 권리다

알바의 최저임금은 정부와 상관없다

부채가 늘어나도
기업 회장은 굳건하다
기업은 사적이지만
망하려는 순간
국민의 소유로 변한다
이 땅의 자본은 세금을 먹고
공적자금을 수혈받고

알바의 노동은 뉴스에서 사라진다

모든 불법은 파업 때문이라고 믿는
자본과 권력
돈 잔치를 훼방하는 일은
법이 보호하지도 않는다

알바는 더더욱 파업과도 친할 수 없다

그래서 돈을 준다, 자본은 권력에게
재단을 준다, 권력에게 자본이
죽어도 죽지 못하는 회장님을 대신하여
노후한 권력을 보내고
새로운 권력을 영입하는 순간에도

알바는 새벽 잠 꿈처럼
최저임금을 기대하며 계산대를 지킨다

촛불 든 밤

나의 청춘은 유신과 5공
잘 가라 청춘이여
독재도
매국도
반민주도
매판세력도
청춘 너머로 어여 사라져라

첫눈 오시는 날
상록수가 물결친다
신생(新生)의 핏물이 되어
다시는 다시는
이 추잡한 역사는 오지 말라고
손에 손 맞잡고 촛불이 탄다

하니 나의 청춘이여
미련없이 이제는 가라
숨 죽인 흐느낌도 데리고 가라

청춘이 떠나가서

희끗한 머리카락 그대로도 좋다
나의 손에는 촛불이 일렁이고
앞에도 그 앞에도 뒤에도 옆에도
거대한 용암처럼 뜨거운 함성

광화문 광장 한 복판에 앉아
나는 이제 늙어도 괜찮겠다

잘 가라, 내 청춘!

정 성 채

시계는 시간이 없다 외

2014년 《시와문화》로 등단
한국작가회의 회원

시계는 시간이 없다

강을 거슬러
째각째각
물러서다가 덤벼들다가
여기가 아니었다
우리가 믿는 건 계속되는 환영,
너의 생존이다
티격태격
달려나가다가 걸려 넘어지다가
파랗게, 날듯이
꿈틀거리며 호흡하는 것들
검기도 하고 희기도 하고
흔들리며 매달려 있는 생각들
강을 따라 흐르다가
무너져내리며
죽을 자리를 찾은 열렬
우리가 믿을 건
오로지 환영 속 세상이다
주검에는 더 이상 시간이 없다

She

얼마나 돌아왔는지 몰라
얼마나 다시 걸어야 하는지 몰라
호피족처럼 오천년을 찾아다니다가
다시 오천년
하필이면 한낮의 타향길
해남 바다에 이를 때마다
여기가 그곳
그녀의 탯줄고향인 줄도 모른 채
몇 번이나 함께 자고 깼는지,
눈물나게 웃었는지 몰라
얼마나 걸었는지,
언제 돌아와 있었는지도
딱 하나 기억나는 그곳, 눈보다 하얗게
손짓하는 어머니처럼
춤추고 있는 그녀를 보았다 해도
아주 잠깐 발걸음을 멈추고는
그녀가 먼저인지 내가 먼저인지
젖은 이름 불러보았다 해도
해초처럼 흔들흔들 자꾸만 오그라드는
동공 속 몸뚱이

그녀의 둘둘 말린 척추
얼마나 이렇게 웅크리고 있었나 몰라
아직 걸어야 해,
퍼지며 흩어지며 솟구치는 날개 따라
돌아가야 해, 하지만
나는 그녀를, 그녀는 나를
얼마나 더 찾아나서야 하는지,
지워가야 하는지 몰라
이게 우리가 오천년을 살아가는 법
지고의 사랑이라고
온몸을 비틀며 중얼거리는
해남바다의 Ｓｈｅ

묵호에서

안되겠습니다
우리가 말이 없다가
이렇게 되었습니다
촛불 하나 켜들고
얼굴 맞대고 눈 속 들여다보며
이름이라도 남김없이 불러보겠습니다
여름도 가을도 없이 홀로 내리는 눈
끝도 없는 겨울 하얘지지 않는 호수
시커먼 곳으로 깊이 속으로
기다리지도 서두르지도 않고
우리자신을 그냥 보냈다니요

안되겠습니다
우리가 믿기만 하다가
설마설마하다가 이렇게 되었습니다
지나가 사라져야 할 세월이
꼼짝없이 멈춰있는 하늘
어디서도 나를 찾을 수 없어 살릴 수 없어
촛불 하나 켜들고
깊게깊게 목놓아 보겠습니다

파도라도 몇 겹 끌어안고

검게 고여 굳어지겠습니다

겨울잠

겨울 햇살에 몸이 간지러울 때가 있다 햇살이 공기를 타고 들어와서 몸 안에 퍼지면서 속속 피어나는 꽃들의 빛깔이 있다 잿빛 구름 사이로 드나 들며 때를 기다려온 작은 씨앗들. 부신 눈을 들어 하늘을 올려다보는데 반짝반짝 눈이 내리기 시작하는 걸 알았을 때 생각나는 것이 있다 몸에 배든 햇살이 물기와 섞여 공기속에서 갖가지 색깔로 스며나올 수 있는 건 공기가 가끔씩 아기처럼 젖내 나는 알몸을 비틀기 때문이다 공기가 이리저리 접어놓은 실주름 바람이 간지럽히는 잠 때문에 눈은 홑씨처럼 날아와 아무도 없는 초원에 바람의 골을 메우며 가지가지 꽃을 피운다 눈의 모양이 꽃들처럼 하나도 같지 않은 것도 겨울햇살로 방울방울 맺히는 씨앗들의 생각 때문이다, 라고 나는 생각한다 네가 그리울 때마다 나는 잠든다

조 진 옥

나를 놓치는 일 외

2012년 《시와문화》로 등단
성주문학 회원, 대구경북작가회의 회원

나를 놓치는 일

오후 늦게 집으로 돌아와
양푼에다 가득 밥을 비벼
허겁지겁 배고픔을 보상했다

이윽고
배부름에 잠시 감탄할 새도 없이
갑작스레 정신이 아득해진다

겨우 뱃속 하나 채운 것뿐인데
이렇게 마음마저 아득해지니
이렇게 혼미해지니

이 순간에, 이 찰나에
내가 나를 놓칠 수도 있겠구나 하는 생각에
기꺼이 게워내고 또 비워낸다

어느 날 갑자기,
부지불식간에 나를 놓치는 일이 생긴다면
뚜렷하게 확실한 것은 바로 이것 때문이다

젖다

이 세상이 모두 젖어 있다면
너와 나 또한 마찬가지다
너와 나 또한 외로운 것이다
사람들 환한 얼굴로 웃고 있어도
서로의 안부를 묻거나
즐겁게 마주앉아 밥이란 것을 먹고 있어도
이미 우리들 가슴은 젖어 있었던 거야
마냥 외롭고 쓸쓸한 거야
다들 그렇게 젖어 젖어서
하루를, 지금을 마감하고
또 그렇게 오늘을 시작하지
눈물에 젖든 우수에 젖든
매일을 젖어 살다가
때때로
쓰윽 무너져 흘러내리기도 하지

질투

부러워 미칠 지경이다
최초엔 스멀스멀하다가
따끔따끔하다가
아주 밉게 여기다가
또 다시 상처주다가
매번 깎아 내렸다가

그러다 퍼뜩 정신 차리지
그런 거야,
자극은 아픈 거야,
눈물콧물 쏙 빼고 나야
시새움마저 이내 사그라지지
자극은 아픈 거야,
그런 거야

홀로

둥둥
나는 외롭다 때때로

홀로
이곳에다 한 발
저곳에도 한 발

어디에도 속하지 않으려 외면하며
일부러 그 장소에 오래 서 있지도 않았지

게다가 가슴도 가끔은
혼자서 노는 걸 좋아하는지
또 다른 나로 지낸 적도 많이 있었지

어느 소속도 아니어서
이제는 자유라고 생각될 즈음에
그렇게 애써 느끼려 할 즈음에

나는 또 다시 홀로
떠다니고 있지

섬이 되고 있지
둥둥

한 도 훈

개밥바라기 외

2014년 《시와문화》 신인상 등단.
시집 『오늘, 악어떼가 자살을 했다』, 『홍시』, 『코피의 향기』,
동화 『독도야 간밤에 잘 잤느냐』, 『소라의 용못』 등이 있다.

개밥바라기

어둠의 속살이 부드럽게 골목길을 내리훑는다.

담벼락에 올라 햇빛 쬐던 길냥이도
어디론가 사라지고
아침에 한 번 밥을 챙겨먹은 강아지는
배가 고파 낑낑댄다.
골목길을 누비며 조기 사라 외치던
트럭도 목이 쉬었는지
크릉크릉 엔진소리만 낸다.
그때, 서녘으로 몸을 감추려고
장난감 활처럼 구부린 초승달이 진다.
그 위에서
번쩍, 개밥바라기가 떠오른다.
강아지 밥 줄 시간이 되었음인가.
때를 맞춰 켜지는 골목 가로등
심장에도 켜진다.

고단한 하루가 개밥바리기에 묻힌다.

메꽃

한때 코뿔소였던
열차는 오지 않고
녹슨 선로에 메꽃이 피었네

열차 바퀴에 깔려 죽으면
원이 없을 것 같은
여름밤은 깊어만 가는데
여섯 개의 작은 등불 들고
집 나간 메꽃 하나를 찾네

누군가 신발 속에 담아 놓은
두견새 우는 소리 들으며
여름밤은 소낙비처럼 지나가고
술병 들고 찾아오는 벗조차 없어
쓸쓸하게 아침은 오고 마네

메꽃 속에 잠든 이슬이
기지개를 켜고 일어나는 순간
그 향기에 코 살짝 들었다가
여지없이 떠나는 나비 한 마리

굴포천 갯버들 그늘에 숨어 있는
피라미 울음소리까지 들리네

청노루귀

가시덤불 사이에 몸을 숨긴 청노루귀
줄기가 곧게 펴지고
솜털들이 공기에 흐느끼며 자전(自轉)한다
조금 시간이 지나자 청노루귀는
느낌표로 바뀌고 다시 흘림체로 바뀐다
긴 목을 내밀어
꽃이 없는 꽃받침이 피어나고
진한 노란빛 암술은
뒤영벌이 날아오길 기다리며
생의 한가운데서 빛난다
짝 찾는 휘파람새의
호오, 호케꼬, 케꼬 따위는
귓전에서 뒹굴게 내버려두고
단지 고개를 들어
하늘을 올려다 볼 뿐이다

한 명 환

여주에서-2016 새해를 맞으며 외

1992년 《시와 사회》로 평론 등단.
2010년 《시와문화》로 등단
《시와문화》 편집위원, 《시와문화》작가회 회장

여주에서
-2016 새해를 맞으며

하늘이 다시 열리고
좋은 덕담 나누는 아침
여주에서
남한강가 무르팍에 앉아
영릉에서 병고에 시달리는 이도와
생가에서 아이 낳아 줄줄이 주검 보낸
명성황후를 생각한다
이름과 업적 뒤에 가려진 인생
병으로 한으로 눈물 삼킨
사람들
-무엇을 생각할 수가 없구나

갑년 가까운 나이에
고집해 온 나의 철학을 버린다
나를 버린다

짧은 치마 한 번 입어보지 못한 아내며
멀리 집 떠나도 한결 같은 자식들
배추꽃 무더기 같은 내 가난한 사랑스러운 이웃들
보듬고 가는 것이다.

막내둥이

조금 쌀쌀했던 봄 외출
마음 속 말 한 마디도 못했다
만년 시간 강사 수입으로 건사하지 못했던 가족들
마른 버즘이 핀 둘째와
말수 줄어든 큰애
갑상선염으로 고생하는 아내
돈이 효자라시던 어머니
낯이 화끈거리게 지나갔다

다섯 살 막내둥이 데리고
지원서를 제출한 어느 학과장 교수님과
선정릉 오백 년 묵은 고목 아래에서
누구 시가 좋느니 세태가 어떻느니 하며
봄볕을 즐겼었다
그리고,
변방의 수자리 하나 건지지 못한 채
맥없이 다시 찾아든 선정릉이다
실로 이십 년 만이다

따가운 햇살 때문인지 모자 쓴 일꾼들이

세계유산이 된 왕 무덤 보수하느라
철책을 다듬고 꽃 모종을 심고 있다

지엄하신 중종도
서삼릉에 장경 왕후랑 있다가
질투심 많은 셋째 문정왕후 손에 끌려 와 이곳에 묻혔다
그리고
무덤에 물이 차 또 방학동으로 옮겨졌다

생계가 지엄하다 한들
인생은 지금 흩날리는 복사꽃처럼 가벼울 수 있다
복사꽃 산수유꽃 날리는 선정릉의 동그랗게 부푼 무덤
참 아름답다
멀리 바다 건너 공부하러 간 막내둥이
선정릉 고목 아래서 꼭 쥐던 그 조막손
참 그리워진다.

이상 징후

책을 읽는다
안간 힘을 쓰며 흐릿하게 읽는다

산책을 한다
내가 다니던 외과가 문을 닫아
걸음이 갈지자다

술을 마신다
머리 속에 서캐가 끼듯 앞이 가물거리고
눈 두덩이가 붓는다
좀 있으면 손도 부을 것이다

내 사랑에도
먼지가 끼려 한다
아무리 눈을 크게 떠도
메시지는 없고
그림자인 양
거울에 비친 나도
자꾸 흐려진다

신창 개나리

아산시 읍내리
신창휴게소 앞에서
내리막 길
길 한쪽에 흐드러진 개나리꽃
먼지 뒤집어쓴 채
반갑다 인사하네

참 오래 다녔다

매번 버스 기다리며
셀 수 없이
너와
눈길 마주쳤을 건데
언제나
마음은 먼 하늘
구름 위로 떠돌다
어느덧
이십 년이라니!

황 지 영

다리미Dream me 외

2012년 《시와문화》로 등단
한국작가회의 회원

다리미Dream me

구겨진 길을 그대로
두는 법이 없는 그.
길을 잃고 헤매일 때
구겨진 채로 콕 처박혀
내동댕이쳐 버릴 때
온도를 높이고
본래의 제 모습을 잡아준다.

톤즈의 태양아래 꿈조차 가난한 아이들의 손마다
꿈을 펌프질하는 악기 하나씩 들게 하여
뜨겁게 길을 펼쳤다.
그와 마주하면 구겨진 길도
희망의 새길이 되고
무너진 담벼락에도 꽃이 핀다.
고개 숙이고 구부러진 어깨에
해바라기 불씨 불어넣어
봄길 뜨겁게 열어준다.
아프리카의 외진 길을 걷는 그는
꿈을 향해 가는 길을 구겨진 채로
둔 적이 없다.
꿈의 날을 세우는 시퍼런 그의 사랑

종이

어둔 밤 잎새에 내려앉은
별빛으로도 위로 받을 수 없었던
눈물 한 알을 담았다.

정수리를 깨는 폭포로도
씻어 내릴 수 없었던
울음 한 그루를 심었다.

메말라 갈라져 한 방울
기쁨도 스며들 것 같지 않는
황무지 가슴에
호미질을 한다.

한번 눈을 감은 엄마는
6개월 밤낮을 눈꺼풀에 눌러있다.

무심한 눈빛만이 한 알 말씨로
심겨질 것 같지 않는 바닥에
처박히고
누구를 대신하여 싸우고 있는가.

마음의 모르스 부호
뇌의 지도로
길을 찾는다.

길을 잃은 순간
아무도 밟지 않은 길이 되어
함께 길을 찾아준다.

엄마의 꿈길에
꽃길을 만들어라.

화엄사로 내려오는 길

고개를 숙이고 무릎을 꿇고 내려간다.
찬란하게 목덜미를 붙드는 일출을 남겨두고 내려가는 길
자갈밭처럼 깔린 도토리
개밥의 도토리가 되어보지 않고 하산 길은 없다.

화엄장엄의 세계로 가는 길
쯧쯧거리는 산새도 장난 거는 다람쥐도
물소리로 맑게 씻긴다.

한걸음씩 조심해서 내려가지 않으면 주르륵 굴러 떨어지는 돌
힘든 오르막길 뒤 내려오는 길에서 다치지 않으려면
앞에 눈을 두고 발아래를 잘 살피고 천천히 조심해서 내려와야 한다.

화엄세계는 고개 들어 멀리 바라보는 인적이 드문 구름바다에 떠있는 것이 아니라
고개 숙여 소망하는 간절한 기도 속에 있다.

썩어 씨앗을 품는 산
죽어 다시 살아나는 잎
두류선방에서 명상한다.

부러진 가지
낙엽이
내려와서
차이고 밟힌다.

올라설 때마다
가슴에 바위를 하나씩 얹어야 했던
누군가에게 참회소신공양을 올린다.

편하게 버스를 타고 성삼재를 오를 때는 몰랐다.
바위와 돌을 치우고, 길을 낸 사람들의 땀을
넘어질까 구를까 미끄러질까
고개 숙이고 무릎 꿇고 내려오는 길

화엄사가 보인다.